Julia Böhme

Toko **und Mam**mut **und der Sä**bel**zahn**tiger

Mit Bildern von Silke Voigt

Mildenberger Verlag

Ravensburger Buchverlag

Bibliografische Information der Deutschen Nationalbibliothek:

Die Deutsche Nationalbibliothek verzeichnet diese Publikation
in der Deutschen Nationalbibliografie.
Detaillierte bibliografische Daten sind im Internet
über http://dnb.d-nb.de abrufbar.

**Säbelzahntiger sind schon vor tausenden von Jahren
ausgestorben. Wissenschaftler versuchen
herauszufinden, wie diese Tiere damals
ausgesehen haben. Aber so genau weiß das
niemand. Für unsere Fantasiegeschichte
von Toko und Mammut hat Silke Voigt
den Säbelzahntiger so gemalt, wie sie ihn
sich vorstellt. Wir hoffen, er gefällt euch!**

1 2 3   17 16 15

Ravensburger Leserabe
© 2010 für die Originalausgabe
Ravensburger Buchverlag Otto Maier GmbH
© 2015 für die Ausgabe mit farbigem Silbentrenner
Mildenberger Verlag GmbH
Im Lehbühl 6, 77652 Offenburg
und Ravensburger Buchverlag Otto Maier GmbH
Postfach 18 60, 88188 Ravensburg
Umschlagbild: Silke Voigt
Printed in Germany
ISBN 978-3-619-14474-7
(für die gebundene Ausgabe im Mildenberger Verlag)
ISBN 978-3-474-38566-9
(für die broschierte Ausgabe im Ravensburger Buchverlag)

www.mildenberger-verlag.de
www.ravensburger.de
www.leserabe.de

Inhalt

Zwei Freunde — 4

Alarm am Fluss — 10

Nolo in Gefahr — 16

Helden für immer — 30

Zwei Freunde

Das ist Toko.
Sein bester Freund ist Tikiti,
ein kleines Mammut.
Die beiden machen
am liebsten alles zusammen.

Sie sammeln Beeren
und Kräuter.
Sie pflücken Obst.
Und sie spielen
mit den anderen Kindern.

Abends sitzen sie nebeneinander am Feuer und lauschen dem alten Zutumba.

Zutumba erzählt Geschichten
von Pferden und Bären,
Hirschen und Wollnashörnern
und all den anderen wilden Tieren.

Toko und Tikiti schauen sich dabei
die Bilder an den Höhlenwänden an.
Die Tiere sehen aus wie echt!

Zutumba erzählt auch
von den mutigsten Jägern
und ihren Taten.
An den Wänden
finden sich ihre Handabdrücke.
Zur Erinnerung.

Nachts kuschelt sich Toko
eng an Tikiti.
Jede Nacht träumt er davon,
ganz mutig zu sein.
Damit sein Handabdruck
auch irgendwann einmal
an der Höhlenwand prangt!

Alarm am Fluss

Heute sind Toko und Tikiti am Fluss.
Zusammen mit den anderen Kindern
suchen sie nach Muscheln und Krebsen.

Natürlich sind auch Tokos Mama
und die anderen Frauen dabei.
Zwei von ihnen tragen Speere
und halten Wache.
So ist es sicherer.

Denn immer wieder
schleichen Raubtiere umher,
auf der Suche nach Futter.

„Und los!", ruft Toko.
Tikiti rollt mit seinem Rüssel
einen großen Stein beiseite.
Gleich zwei Krebse sitzen darunter.
Toko packt sie schnell,
und zwar von hinten.

Damit sie ihn nicht
mit ihren Scheren zwicken.
„Juhu!", jubelt er.
Sein Korb ist schon fast voll.

Plötzlich trompetet Tikiti wie wild.
„Was ist denn los?", fragt Toko.
Aber da sieht er es schon:
Ein Säbelzahntiger schleicht sich an.
Nur gut, dass er am anderen Ufer ist!

„Alarm!", schreit Toko.
Nun haben alle den Tiger entdeckt.
„Schnell zur Höhle!",
ruft Tokos Mama.

Eigentlich sind Säbelzahntiger
wasserscheu
und schwimmen nicht über den Fluss.
Aber man weiß ja nie!
Alle laufen los.

Nolo in Gefahr

„Au!"
Toko schaut sich um.
Nolo ist am Ufer
über einen Stein gestolpert.
Er liegt auf dem Boden.
Sein Bein ist verletzt.

„Warte, wir kommen!",
ruft Toko.
Schnell rennt er mit Tikiti
zum Fluss zurück,
um Nolo zu helfen.

„Ich kann nicht aufstehen",
weint Nolo.
„Mein Bein tut so weh!"
Oje! Ob es gebrochen ist?

Toko schaut sich um.
Der Tiger läuft
am anderen Ufer hin und her.
Gierig schaut er zu ihnen hinüber.
Sie müssen schnell weg!

Plötzlich stößt Tikiti
Toko mit dem Rüssel an.
„Was ist denn?", fragt Toko.
Tikiti trompetet aufgeregt.
Toko bleibt fast die Luft weg.

Nicht weit von ihnen
liegt ein Baum
quer über dem Fluss.
Er muss beim letzten Sturm
umgefallen sein.
Und der Tiger
hat ihn schon entdeckt!

Lautlos balanciert der Tiger
über den Baumstamm.
„Lauft weg!", schreit Nolo.
Aber sie können Nolo
doch nicht einfach zurücklassen!

Toko nimmt all seinen Mut zusammen.
„Weg, du Ungeheuer!",
brüllt er und schmeißt mit Steinen.
Der Tiger faucht ärgerlich.
Aber aufhalten kann ihn Toko nicht.

Da läuft Tikiti in den Fluss.
Er saugt seinen Rüssel
voll Wasser.
Dann spritzt er den Tiger
von oben bis unten nass!

„Rrrrrch!", faucht der Tiger.
Blitzschnell hat er sich umgedreht.
Bloß rasch zurück ans Ufer!
Tikiti spritzt gleich
noch eine Ladung hinterher.

Platsch! Der Tiger landet im Wasser.
Er maunzt kläglich,
paddelt zurück ans Ufer
und rennt um sein Leben!

„Hurra!", jubeln Toko und Nolo,
so laut sie können.
Toko fällt seinem Mammut
um den Hals.
„Das hast du toll gemacht!"

Tikiti trötet vor Glück.
Toko hält sich die Ohren zu.
„He, nicht so laut!",
kichert er.

Tikiti hebt Toko und Nolo
vorsichtig mit dem Rüssel hoch
und setzt sie auf seinen Rücken.
So trägt er beide nach Hause.

Helden für immer

Am Abend gibt es ein Fest.
Zu Ehren von Tikiti und Toko,
die so mutig waren.
Es gibt leckere Krebse
und Muschelsuppe.

Der weise Zutumba
hat noch eine ganz besondere
Überraschung für sie.

Er malt ein Bild von Tikiti
auf die Höhlenwand.
„Damit wir seinen Mut
nie vergessen", sagt er.

„Und du, Toko, komm her",
sagt Zutumba feierlich.
„Wer? Ich?", fragt Toko.

„Wer denn sonst!"
Nolo stößt ihn lachend an.
Mit dem Verband tut sein Bein
zum Glück kaum mehr weh.

Toko steht auf
und geht zu Zutumba.
Seine Beine sind vor Aufregung
ganz weich und wackelig.

„Leg deine Hand
an die Höhlenwand!",
sagt Zutumba.
Toko wird blass vor Glück.
Davon hat er doch immer geträumt!

Schon bläst Zutumba
mit einem kleinen Rohr
Farbe auf seine Hand.

So zaubert er Tokos Hand
auf die Höhlenwand.
Zwischen all den Handabdrücken
der mutigsten Jäger
ist nun auch seine Hand!
Toko platzt fast vor Stolz!

Blitzschnell taucht Tikiti
seinen Rüssel in die Farbe.
Und schon sprüht er
Toko von oben bis unten
mit Farbe ein.

„He! Was fällt dir ein!",
schimpft Toko.
Er reibt sich die Farbe aus den Augen:
Er ist voll von Kopf bis Fuß.
So eine Sauerei!

Und an der Wand
ist jetzt nicht nur der Umriss
von Tokos Hand,
sondern vom ganzen Toko!

Alle Männer und Frauen
und Kinder starren
das neue Höhlenbild an.
Das gab es bis jetzt noch nie!

Für einen Moment
ist es ganz still.

Dann prusten alle los.
So wurde in der Höhle
noch nie gelacht!

Am lautesten aber
lachen Toko und Tikiti!

Leserätsel

mit dem Leseraben

Super, du hast das ganze Buch geschafft!
Hast du die Geschichte ganz genau gelesen?
Der Leserabe hat sich ein paar spannende
Rätsel für echte Lese-Detektive ausgedacht.
Wenn du Rätsel 4 auf Seite 42 löst, kannst du
ein Buchpaket gewinnen!

Rätsel 1

In dieser Buchstabenkiste haben sich vier Wörter
aus den Geschichten versteckt. Findest du sie?

F	I	E	R	B	F
U	S	B	T	Z	A
E	T	I	G	E	R
R	E	L	T	U	B
Q	I	D	N	C	E
F	N	H	R	R	A

40

Rätsel 2

Der Leserabe hat einige Wörter aus den
Geschichten auseinandergeschnitten.
Immer zwei Silben ergeben ein Wort.
Schreibe die Wörter auf ein Blatt!

Mam-   Was-   -stamm
       -mut   -sel
   Rüs-   Baum-   -ser

Rätsel 3

In diesem Satz von Seite 29 sind acht falsche
Buchstaben versteckt. Lies ganz genau und trage
die falschen Buchstaben der Reihe nach
in die Kästchen ein.

Trikiti hebat Toko und
Nuolo vorbsichtig mitt
deim Rüssele horch.

| 1 | 2 | 3 | 4 | 5 | 6 | 7 | 8 |

41

Rätsel 4

Beantworte die Fragen zu den Geschichten.
Wenn du dir nicht sicher bist, lies auf den Seiten noch mal nach!

1. Wer erzählt Geschichten? (Seite 6/7)
   H: Der alte Zutumba.
   R: Tokos Mama.

2. Warum trompetet Tikiti wie wild? (Seite 14)
   U: Ein Bär steht am Fluss.
   A: Ein Säbelzahntiger schleicht sich an.

3. Womit vertreibt Tikiti den Tiger? (Seite 24)
   D: Er spritzt ihn von oben bis unten nass.
   L: Er kämpft mit ihm.

Lösungswort:

| 1 | 2 | N | 3 |

Lösungen:
Rätsel 1: Stein, Bild, Farbe, Tiger
Rätsel 2: Mammut, Wasser, Rüssel, Baumstamm
Rätsel 3: Raubtier

Rabenpost

Jetzt wird es Zeit für die Rabenpost! Besuch mich auf meiner Homepage **www.leserabe.de** und gib dort unter der Rubrik „Leserätsel" das richtige Lösungswort ein. Es warten außerdem noch tolle Spiele und spannende Leseproben auf dich! Oder schreib eine E-Mail an **leserabe@ravensburger.de**.

Jeden Monat werden 10 Buchpakete unter den Einsendern verlost! Natürlich kannst du mir auch eine Karte schicken.

An den LESERABEN
RABENPOST
Postfach 2007
88190 Ravensburg
Deutschland

Ich freue mich immer über Post!
Dein Leserabe

Leichter lesen lernen mit der Silbenmethode

Durch die farbige Kennzeichnung der einzelnen Silben lernen die Kinder leichter lesen. Das gelingt folgendermaßen:
1. Die einzelnen Wörter werden in Buchstabengruppen aufgeteilt. Diese kleinen Gruppen sind leichter zu erfassen als das ganze Wort.
2. Die Buchstabengruppen sind ganz besondere Einheiten: Sie zeigen die Sprech-Silben an. Die Sprech-Silben sind der Schlüssel, um ein Wort richtig lesen und verstehen zu können.

Zum Beispiel können bei dem Wort „Giraffe" auch die ersten drei Buchstaben „Gir" als Gruppe gelesen werden: Gir - af - fe. Das könnte dann der Name einer besonderen Affenart sein.
Mit den farbigen Silben dagegen werden sofort die richtigen Buchstabengruppen erkannt: Giraffe. Beim Lesen ergibt sich automatisch der richtige Sinn. Es ist das Tier mit dem langen Hals gemeint.

Warum ist das so?
Beim Lesen in **Sprech-Silben** klingen die Wörter so, wie wir sie **sprechen** und **hören**. So kann der Sinn der Texte leichter entschlüsselt werden – lesen macht Spaß!
Sobald das Lesen flüssig gelingt, können auch alle Texte ohne farbige Silben sicher erfasst werden. Durch das Training erkennen die Kinder die Sprech-Silben automatisch.
Dadurch lesen alle Leseanfänger leichter und besser – und auch die nicht so starken Leser können schneller Erfolge erzielen.

Die farbigen Silben helfen nicht nur beim Lesen, sondern auch bei der **Rechtschreibung**. Sie machen die Struktur der deutschen Sprache sichtbar. Der Leseanfänger nimmt von Anfang an die Silbengliederung der Wörter wahr – und kann so die richtige Schreibweise ableiten.

Markieren die farbigen Silben die Worttrennung?
Die farbigen Silben zeigen die Sprech-Silben eines Wortes an. In den allermeisten Fällen ist das identisch mit der möglichen Worttrennung am Zeilenende. In erster Linie bei der Trennung einzelner Vokale (a, e, i, o, u; z. B. E-va, O-fen, Ra-di-o) gibt es einen Unterschied: Nach der aktuellen Rechtschreibung werden diese am Zeilenende nicht abgetrennt. Da diese Wörter aber mehrere Sprech-Silben haben, sind diese auch mit zwei Farben gekennzeichnet: Eva, Ofen, Radio, beobachten.

Weitere Informationen zur Silbenmethode auf: www.silbenmethode.de